AF257738

FÉLIX BENOIT

MADAGASCAR

ÉTUDE D'ACTUALITÉ

DESSINS DE RENÉ FERRET

MADAGASCAR

MADAGASCAR

ÉTUDE ÉCONOMIQUE, GÉOGRAPHIQUE ET ETHNOGRAPHIQUE

PAR

FÉLIX BENOIT

INGÉNIEUR

ANCIEN COMMISSAIRE COLONIAL DES MINES

OFFICIER DE L'INSTRUCTION PUBLIQUE

Cet ouvrage contient : *Une carte géologique et militaire.*
Un tracé topographique de l'itinéraire.
de Tamatave à Tananarive.
(Documents absolument inédits).

DESSINS DE **RENÉ FERRET**

DAMIDOT, ÉDITEUR. — DIJON.

1895

MADAGASCAR

« La colonisation est pour la France
« une question de vie ou de mort; ou
« la France deviendra une grande puis-
« sance africaine, ou elle ne sera, dans
« un siècle ou deux, qu'une puissance
« secondaire; elle comptera alors dans
« le monde à peu près comme la Grèce
« compte en Europe. »

LEROY-BEAULIEU.

Les Chambres viennent de voter les sommes nécessaires pour la conquête de la Grande Ile africaine. Cette situation est absolument logique. Sans doute, il n'est pas permis d'envisager, d'un cœur léger, ce que coûtera en hommes cette expédition lointaine; mais aujourd'hui il n'y a plus de reculade possible sans abdication, sans déshonneur.

L'irritante question malgache va donc être réglée sans retard et à l'entière satisfaction de la France.

Avant d'employer la force, le Gouvernement a cru devoir envoyer aux Hovas un messager revêtu d'un caractère particulier, porteur d'un ultimatum net et précis, et qui avait l'autorité nécessaire pour les engager à réfléchir aux conséquences qu'entraînerait chez eux le refus de donner pleine satisfaction à nos légitimes revendications. Le gouvernement malgache a répondu à notre ultimatum par un *non possumus* catégorique.

La France ne peut être que satisfaite de cette réponse.

Le grand danger était en effet que les Hovas consentissent à négocier et que M. Le Myre de Villers fut amené à transiger avec eux. Ils nous auraient accordé sur le papier tout ce que nous aurions demandé, quitte à recommencer dès le lendemain à chicaner sur le texte. C'est d'ailleurs ce qu'ils ont fait depuis le traité du 18 décembre 1885.

En effet, depuis ce traité qui porte la signature de la France et celle du gouvernement Hova, la France a exécuté les clauses qui la concernent, les Hovas ont, au contraire, affecté en toutes circonstances, le mépris le plus complet de leurs engagements, et toute leur politique a consisté à rendre nul le traité en question.

Pour employer les mêmes expressions de notre éminent homme d'état qui est à la tête du Département des Affaires étrangères :

« Ces neuf années n'ont été qu'un long piétinement sur place et le gouvernement « Hova s'est toujours efforcé d'éluder le traité. Les puissances consentant à reconnaître « la situation de droit résultant du traité de 1885, demandaient au résident général « l'exéquatur pour leur représentant et le gouvernement Hova a toujour refusé de délivrer l'exéquatur ainsi demandé.

« Telle est la cause première de toutes les difficultés.

« Pas de représentation officielle, cela veut dire : pas de protection pour « les étrangers. Le commerce n'a aucune sécurité ; des attentats partout impunis « se reproduisent à chaque instant dans l'île, des Français sont assassinés. En « vain nos résidents généraux ont réclamé ; le gouvernement Hova n'a d'énergie que pour nous résister.

« Nulle part, la sécurité n'est assurée. Escortée de nos soldats, la résidence elle-même, ne s'est plus trouvée en sécurité. »

(Discours prononcé à la Chambre des Députés, le 13 novembre 1894.)

On ne pouvait donner d'une façon plus simple, plus claire et plus précise les causes de la rupture avec la cour Hova.

Nous avons donc le droit de notre côté et notre expédition légitime aura l'honneur de doter la Mère-Patrie d'une Nouvelle-France dans la mer des Indes, dont Diégo-Suarez (1) sera l'Aden.

La conquête de Madagascar par la France sera essentiellement une œuvre de civilisation ; c'est pour cette raison que l'Europe entière nous pousse, nous encourage et nous applaudit à l'avance.

L'Angleterre elle-même ne proteste plus.

Je parle de l'Angleterre gouvernementale qui a dû, bon gré, mal gré, se souvenir qu'elle avait mis sa signature au bas du traité du 5 août 1890.

Aujourd'hui que l'expédition malgache est décidée, nous avons cru devoir donner quelques détails intéressants sur la grande île africaine, si peu connue de la plupart des Français.

---

(1). La baie de Diégo-Suarez a un site comparable à celles de Rio-Janeiro et de Sydney, les plus belles du monde, elle pourrait abriter toutes les flottes réunies du monde entier.

Naguère dans l'énumération des colonies françaises on citait avec un certain orgueil :

SAINTE-MARIE DE MADAGASCAR,

NOSSI-BÉ,

NOSSI,

NOSSI-FALI,

misérables îlots rocheux plus ou moins stériles.

Aujourd'hui que la possession de Madagascar n'est plus qu'une question de jours, les pauvres satellites de cette planète principale perdent beaucoup de leur intérêt.

Découverte par les Portugais, que ce soit en 1500, par l'un des lieutenants de Cabral, ou en 1506 par Lorenzo d'Almeida, qui lui aurait donné le nom de son patron, Saint-Laurent, Madagascar, après des tentatives infructueuses de colonisation portugaise, vit arriver les navigateurs normands plus d'un siècle après.

En 1642, Richelieu, voulant doter la France d'établissements d'outremer, créa la *Société de l'Orient*, dont les agents reçurent mission de se rendre à Madagascar « *pour y ériger colonies et commerce et en prendre possesion au nom de sa Majesté très chrétienne.* »

On voit donc que nos droits sur Madagascar datent depuis plus de deux siècles et demi.

A partir de 1643, les Français conduits par Pronis, s'établirent successivement sur la côte orientale, à la baie Sainte-Luce, puis à Fort-Dauphin, à l'île Sainte-Marie, à Tamatave, à Fénérive et Foulepointe et dans la baie d'Antongil. Malheureusement l'insalubrité de la côte, ainsi que la mauvaise administration et les cruautés de Pronis et de ses compagnons qui pratiquèrent même la traite, firent échouer ces entreprises et attirèrent sur les blancs la haine des Malgaches, qui d'abord les avaient reçus avec joie.

Toutefois, vers 1650, de Flacourt fut plus heureux sur la côte sud-est et releva le Fort-Dauphin. En 1664, sous Louis XIV, la *Compagnie des Indes Orientales* obtint pour siège principal d'exploitation « Madagascar, » qui prit officiellement les noms d'*Ile Dauphine* et de *France Orientale*. Le nom ne fait rien à l'histoire de cette contrée, car il y a souvent dans les changements de nom qui bouleversent la carte du monde une foule de choses : flagornerie pour les heureux, insulte aux vaincus, enthou-

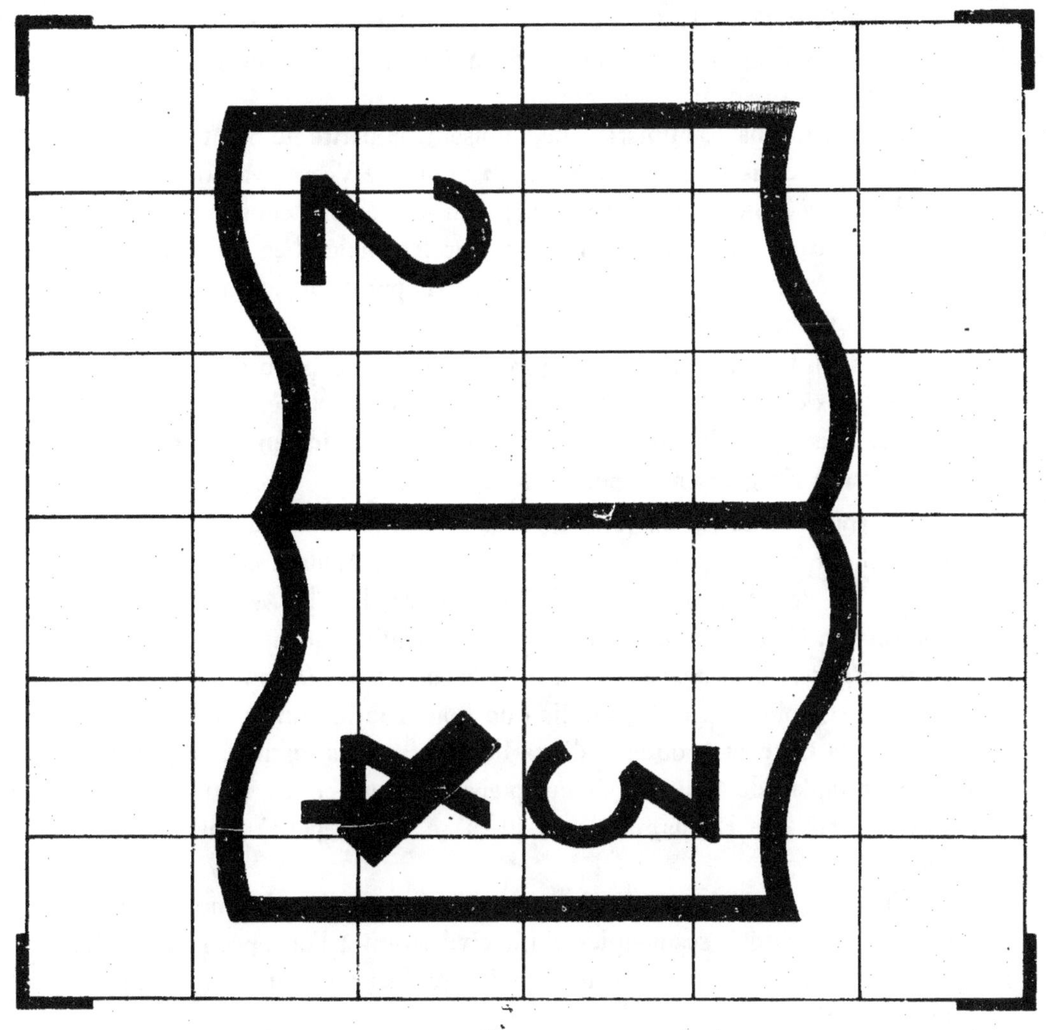

siasmes naïfs, foi dans des « éternités » qui vieillissent, mépris du vrai ou offense à l'histoire, comme l'a si bien dit Onésime Reclus.

Avec la Compagnie des Indes Orientales, les tentatives de colonisation recommencèrent, mais échouèrent pour les mêmes causes que les précédentes : les derniers colons expulsés par les indigènes, se réfugièrent à la Réunion (1662) et la Grande-Terre bien que *réunie au domaine de la Couronne* continua pendant un siècle à être la proie des pirates et des négriers.

En 1750, sous le ministère de Choiseul, la petite île Sainte-Marie fut achetée aux chefs de la côte. En 1773, Louis XV envoya 300 hommes conduits par le hongrois Benyowski ; celui-ci s'établit dans la baie d'Antongil et acquit une grande influence sur les Malgaches de la côte, qui le proclamèrent leur roi, mais il périt par l'opposition jalouse des colons de la Réunion.

Sous la Révolution et l'Empire, d'autres essais furent également infructueux et, en 1811, tous les postes français tombèrent au pouvoir des Anglais, qui, depuis plusieurs années déjà, aidaient les Hovas de l'intérieur à s'organiser en peuple conquérant.

Le traité de 1814, en rendant à la France plusieurs de ses colonies, notamment la Réunion, ne stipule rien pour Madagascar, tandis que l'article 8 déclarait la cession à l'Angleterre de l'île *Maurice et de ses dépendances*. Cette formule pouvait prêter à équivoque, si l'on considérait *les droits sur Madagascar* comme *dépendances de la possession des îles Maurice*. Quoiqu'il en fût, tandis que nous continuions à influencer les chefs de la Côte et à obtenir d'eux des concessions territoriales, le gouverneur anglais de Maurice, sir Furquebar, sut agir contre nous en aidant le jeune roi des Hovas, Radama Ier, à se rendre peu à peu maître de toute l'île.

En 1817, ce prince, doué d'une intelligence remarquable pour sa race, et désireux de doter ses peuples d'une civilisation à l'européenne, conclut avec les Anglais un traité par lequel il se déclarait son allié et supprimait la traite des esclaves dans son royaume.

Il accueillit les missionnaires méthodistes de Londres, et ceux-ci, après avoir créé des écoles à Tananarive et ailleurs, finirent par acquérir sur l'esprit de la Cour une influence qui malheureusement dure encore.

Dans le sud, il y a les descendants des sangliers, cette tribu ne tue point le sanglier dont la chair est prohibée. Aussi Messieurs les sangliers qui le savent, vont-ils par bandes dans la dite tribu, ravageant les récoltes sans que personne songe à les détruire.

D'autres se glorifient d'appartenir au genre mouton ; aussi ont-ils cette viande en horreur.

Il n'est point peut-être dans toute l'île une classe d'oiseaux, depuis la veuve jusqu'au martin-pêcheur bleu qui n'ait eu sa métamorphose en homme.

Toutes ces castes se targuent de leur origine, et chacune respecte l'opinion de l'autre.

D'autre part, la foi à la métempsycose, comme croyance subjective, est universelle à Madagascar. Tous à quelque exception près, admettent que l'âme de certains individus, de quelque peuplade même, émigre à la mort pour aller résider dans le corps des bêtes. — Cependant tout Malgache ne croit pas au passage de son âme dans le corps d'un animal à la sortie du sien : l'âme de Betsiléo mourant n'entre point indistincte-ment dans un corps quelconque, car le premier venu n'est pas toujours digne de loger un tel hôte. Chacun sait d'avance chez qui il ira, attendu que son « *animal-domicile* » lui est marqué par le sang ou son origine. Aux nobles, le boa ; aux roturiers, le caïman ou le crocodile ; à la lie populaire, le toua, anguille assez semblable au thon de mer. Le boa ancêtre se nomme *fanano* en malgache. Le boa est sacré ; tout Betsiléo lui fait la révérence genou en terre, le front courbé entre ses mains. Jamais une main témé-raire ne lui ravit la vie ; on croit que celui qui en aurait la criminelle audace en mourrait sur le coup, victime de sa barbare témérité.

Quand un noble passe de vie à trépas, sa demeure est mise en état de siège et interdite à tout mortel, excepté à la famille, aux esclaves et aux amis, afin de le laisser tranquillement opérer son travail de la permutation. Son corps enveloppé de tissus de soie, est sanglé verticalement le long du pilier central de la case. Sous ses pieds repose une gamelle d'argent, à son défaut, un vase de porcelaine, afin de recevoir la matière liquide, résultat de la décomposition à travers les étoffes...... pendant ce temps, on s'enivre pour chasser les microbes, probablement, et pour attendre l'apparition d'une grosse larve qui est le germe du futur boa destiné à recevoir en son sein l'âme du noble défunt.

Tous ces faits, clichés sur place et fidèlement reproduits, sont donnés pour indiquer l'état d'esprit actuel des habitants de Madagascar à qui la France, heureusement, va donner les bienfaits de la civilisation.

Le costume national des Malgaches se compose de deux pièces d'étoffe blanche, dont l'une, le *sadika*, entoure les reins, revient entre les jambes et fait l'office de caleçon, et dont l'autre, le *simbo*, drape largement le corps, les épaules et les bras. Dans les jours de fête, le simbo est remplacé par le *lamba*, qui est plus riche et plus beau. La tête, les jambes et les pieds sont ordinairement nus. Les Malgaches des castes guerrières de l'intérieur ont le corps couvert de cicatrices artificielles qui représentent diverses figures. Elles sont le résultat de tatouages qu'on leur fait dans leur enfance. Dans l'entourage de la reine, à la cour, les nobles et les officiers ont adopté le costume européen.

Le riz dans l'est et dans le centre, le maïs ou le manioc dans l'ouest, forment la base de la nourriture chez les Malgaches. Ils y joignent des légumes, des fruits, de la volaille et parfois de la viande de bœuf.

Les habitations sont, en général, des cases hautes d'environ deux mètres, espèces de chaumières composées d'une carcasse en charpente, couvertes soit de feuilles de ravinala, sur la côte est, soit en joncs ou en pisé dans l'intérieur, soit de roseaux, dans l'ouest. Une natte étendue sur le sol, une tente ou panier carré pour serrer les objets les plus précieux, une calebasse et une marmite, voilà à peu près tout le mobilier. La case du chef, excepté chez les Hovas, est absolument semblable à celle des autres habitants et ne s'en distingue que par une perche à l'extrémité de laquelle flotte un lambeau d'étoffe comme signe d'autorité, C'est d'ailleurs ce que nous avons eu l'occasion de voir au *Pays Canaque* (1).

Armée Hova. — Le dernier dénombrement officiel de l'armée hova a donné le chiffre de *37,000 hommes* de troupes *sous les drapeaux*.

Cette armée serait à craindre si c'était véritablement une armée au sens européen du mot ; mais les soldats hovas mal armés sont incapables de combattre en rase campagne ou à rangs serrés. — Ils n'en restent pas moins redoutables derrière une embuscade ou à l'abri d'un retranchement comme les postes indiqués sur la carte de cet ouvrage en constituent et comme il serait facile d'en créer d'autres de Tamatave et Majunga à Tana-

---

(1) Lire l'ouvrage de l'auteur : *Au Pays des Canaques*.

narive. Derrière ces abris, l'unité tactique n'est pas nécessaire, elle leur fait d'ailleurs absolument défaut. Formés en masses confuses sans conformité dans l'habillement, ni dans l'équipement, ni même dans l'armement, les guerriers hovas ne sont cependant pas une quantité négligeable à cause des précieuses qualités qui rachètent les défauts qui viennent d'être signalés. Ils sont en effet infatigables, courageux, habiles dans le corps à corps et manient fort adroitement l'arme blanche. Ils ont une grande endurance pour les privations de toutes sortes.

Le fanatisme des Hovas est habilement exploité par leurs chefs.

Les grades dans l'armée hova se comptent par honneur de un à seize.

L'état major hova est constitué presque en entier par une bande cosmopolite où l'élément britannique et américain domine et est représenté par onze chevaliers de la civilisation, anglais et américains, décidés à aller jusqu'au bout. Voici les noms de ces chevaliers errants:

    1° Le Colonel Sherjinton (Anglais.)
    2° Coster, (Anglais.)
    3° Bel, (Anglais) *Négrier Américain.*
    4° Sharpinck, (Anglais.)
    5° Lumdley, (Anglais.)
    6° Henri Wols, (Anglais.)
    7° et 8° Les deux frères Coks, (Yankees.)
    9° Bursh, (Yankee.)
    10° Ransay, (Yankee.)
    11° William Knox, ancien officier de la marine américaine.

Willoughby est le général en chef de l'armée Hova.

On attend encore l'arrivée de quelques aventuriers sans patrie et il convient d'ajouter à ces chefs galonnés, chamarrés et disposant de titres sonores, toutes les variétés de clergymen qui sont les *officiers à robe courte* et non les moins méchants et les moins à craindre.

En attendant nos troupes, ces derniers prêchent la guerre, parcourent la montagne, faisant les plus grotesques prophéties, promettant monts et merveilles, suppliant les hovas de combattre jusqu'à la mort et de ne déposer les armes que lorsque le dernier *vahaza* (français) sera tué ou chassé.

D'un autre côté les officiers à broderies emploient des milliers d'hommes réquisitionnés à fortifier les passages difficiles, les alentours des forts et les environs de Tananarive, sur la rivière Ikopa, en aval de son confluent avec la Betsiboka, on prépare des barrages ; enfin, partout, la défense s'organise.

Il est bien heureux que le blocus rigoureux que nos navires exercent déjà, empêche les munitions et les armes de parvenir à l'armée hova.

L'armée hova est en train de se concentrer à Andahalo et à Maharmoudina. On construit actuellement deux camps retranchés, à proximité de Tamatave, l'un à 22 kilomètres, direction nord, à Manjakadriaman.. et l'autre à Antsiroma a l'entrée de la forêt de Larianhavalari.

DE TAMATAVE A TANANARIVE

(Voir l'itinéraire ci-joint. — Fig. A.)

Le sentier qui va de Tamatave à Tananarive longe la côte pendan deux journées (*de 60 à 80 kilomètres*) jusqu'à Andovoranto. — Ce sont deux jours de perdus, car jusque-là, on est allé du Nord au Sud pour aller ensuite de l'Est à l'Ouest.

L'expression de " sentier " est même trop belle pour dénommer ce chemin di'   .te à l'excès, surtout pendant deux ou trois jours à travers les forêts.

La distance de Tamatave à la capitale Tananarive qui est de 350 kilomètres demande sept jours pour la franchir lorsque les rivières sont basses..... le temps ne peut-être fixé d'avance lorsque les eaux de pluie ont grossi les rivières.

La première route à entreprendre, après l'expédition sera donc celle de Tamatave à Tananarive en traçant son contours autant que possible en ligne droite.

Les porteurs de Tamatave qui font le service dans ce chantier sur des palanquins ou filanzanes, vous demandent de 15 à 20 francs pour le voyage. Il faut une douzaine de porteurs pour l'effectuer ; chaque homme porte de 40 à 50 kilos ; les frais s'élèvent en moyenne à 175 francs par tonne de Tamatave à Tananarive. (Fig. B.)

TAMATAVE. — Tamatave est une ville de 10.000 habitants environ. La rade de Tamatave est bonne. La ville est le principal marché de l'île.

Son port, en relation régulière avec la Réunion et Maurice, est le point d'accès le plus fréquenté vers Tananarive.

Au sud de Tamatave, jusqu'à la baie de Sainte-Lucie, il n'y a plus de rade sûre, ni de bon mouillage. On y trouve Andovoranto, 2.000 habitants, et Manoura, qui sont plus rapprochés de la capitale, mais moins pratiqués que Tamatave.

COMMERCE DE TAMATAVE. — Les Chinois et les Indiens ont accaparé le petit négoce.

Le trafic d'importation et d'exportation est à peu près monopolisé par des maisons américaines, anglaises, allemandes et françaises. On m'a assuré qu'un marchand de toiles fait à lui seul 500,000 francs d'affaires par an ; il vend des toiles américaines, surtout *des toiles de coton écru*. Les négociants des États-Unis importent également, à Madagascar, des armes à feu ainsi que des provisions de guerre.

Les navires américains embarquent à Tamatave ou dans les ports de la côte occidentale des quantités de marchandises à peu près égales à celles qu'ils viennent y déposer : peaux brutes de bœufs et de moutons (de bœufs surtout) et du caoutchouc.

A côté des Américains, les Anglais écoulent à Tamatave de notables quantités de tissus à bon marché et pour plusieurs millions de rhum de Maurice, bien que les indigènes lui préfèrent le " *kioka* " ou rhum indigène.

Les autres articles de provenance sont les faïences, la mercerie, la verroterie, la quincaillerie et la bière. Les exportations faites par les Anglais consistent en chanvre brut, caoutchouc et minerais.

Les Allemands, qui envoient à Tamatave seulement huit ou dix navires par an, importent des faïences, de la quincaillerie, de la bière, des drogues et des vêtements confectionnés ; ils exportent des minerais et du caoutchouc.

Les Français qui sont plus nombreux à Tamatave que les autres Européens (depuis que l'Angleterre a reconnu notre protectorat, un assez grand nombre d'Anglais ont quitté Madagascar) ne disposent malheureusement pas de ressources suffisantes pour lutter avec les Américains et les Anglais. Il serait à désirer que la confiance des capitalistes français se laissât aller aux entreprises commerciales, agricoles, industrielles et minières de Madagascar qui offre un champ si vaste et si beau à toutes ces branches du commerce et de l'industrie.

TANANARIVE. — *Tananarive ou Tananarivo*, sur le plateau de
l'Emyrné et dans le bassin supérieur de l'Ikoupa, à 1.400 mètres au-dessus
du niveau de la mer, est la capitale du royaume et la résidence de la
cour. C'est une ville relativement considérable, à laquelle on donne de
30 à 70.000 habitants, selon que l'on ajoute les villages formant faubourgs.
Son nom signifie la cité des « mille-villages » (harivo : mille ;
tanna : villages).

Cette ville est saine ; la fièvre paludéenne est peu grave pour les Européens qui suivent un régime.

Tananarive est bâtie sur les sommets et le flanc d'une montagne de
granite ; l'arête supérieure quoique un peu arrondie en dos d'âne, n'offre
pas une grande surface ; les flancs sont à peine abrupts. De loin l'aspect
est grandiose et original ; on ne voit d'abord à une assez grande distance
que le grand palais de couleur grise qui domine tout ; (fig. C.) peu à peu
les autres palais du sommet se dégagent, ainsi que les cloches des temples
méthodistes. Il y en a déjà plusieurs dont les flèches s'aperçoivent distinc-
tement de loin.

Du haut de la ville on a une vue magnifique ; c'est un immense pano-
rama avec des lacs et des rivières qui s'étendent autant que la vue, et à
l'horizon des montagnes d'une teinte bleue. Tout le pays est complète-
ment déboisé. En somme, une montagne escarpée avec des palais d'une
assez belle architecture au sommet ; sur les flancs, des aspérités et des
anfractuosités irrégulières, des cases de toutes formes, entassées les unes
sur les autres, séparées par des espaces étroits qui ne peuvent avoir aucun
nom ; la malpropreté et l'aridité à peu près partout ; dans ces rues et ces
maisons une population qui a toujours l'air de se promener, de ne rien
faire ; la plupart des hommes et des femmes, vêtus de blanc, nu-pieds,
marchant solennellement ou accroupis le long des murailles ; quelques-uns
portés par des esclaves sur leurs filanzanes ; des peaux jaunes, noires,
cuivrées ; rien n'indiquant la souffrance, le malaise ; des figures d'un
aspect peu gracieux en général ; les uns avec des airs d'autorité, les autres
plus humbles, à l'air doux, passif ; du sommet de la ville et de tous
les côtés, mais surtout vers le Sud, un spectacle magnifique et une des
plus belles vues qu'on puisse rêver ! (fig. D.)

RENSEIGNEMENTS DIVERS

SUR LE PRIX DES ALIMENTS, VÊTEMENTS, ETC.

La vie matérielle est peu coûteuse ; les domestiques sont nourris et sont payés à raison de 0 fr. 10 par jour. Un poulet se paie 0 fr. 30, un canard ou une oie de 0 fr. 40 à 0 fr. 50, un dindonneau de 1 fr. à 1 fr. 50, un filet de bœuf entier de 0 fr. 40 à 0 fr. 50.

Les vêtements et en général les objets de luxe se vendent très cher.

La main d'œuvre est peu élevée ; les artisans, menuisiers, maçons, etc., gagnent en moyenne 1 fr. 25 par jour. La difficulté est de trouver des ouvriers : le malgache est paresseux, inconstant et travaille quand il veut.

En dehors du marché de Tamatave, un autre marché se tient dans la capitale, et le Hova qui a l'instinct du négoce y entretient un assez grand mouvement d'affaires. Il y amène des bestiaux, et y apporte des denrées de toutes sortes, en échange desquelles il se munit de tissus, de rhum et d'objets manufacturés.

A 5 kilomètres au Sud-Est de Tananarive, se trouve le collège d'Ambohipo, dirigé par les Jésuites ainsi qu'une exploitation agricole assez étendue où ces missionnaires ont essayé la plantation de la vigne de France qui donne d'assez bons résultats.

Produits du Sol. — En général le sol de Madagascar est apte à nourrir les plantes de la zone tropicale et presque toutes celles de la zone tempérée.

Le *riz*, le *blé*, l'*orge*, le *maïs*, le *manioc*, etc., et en général toutes sortes de légumes viennent sur la terre de Madagascar qui n'est malheureusement presque pas cultivée.

L'eau est presque partout en grande abondance.

Madagascar sera dans l'avenir le " *grenier d'abondance* " de la France.

Flore. — La *canne à sucre* vient à merveille ; ses rendements moyens sont de 10 à 12.000 kilos à l'hectare.

Le *caféier* réussit parfaitement.

L'arbuste à *thé* est peu développé, mais pourrait donner lieu à de grandes plantations.

Le *cacaoyer*, le *vanillier*, le *giroflier*, le *muscadier*, le *poivrier* et le *tabac* semblent s'accomoder parfaitement (*le tabac surtout*) du climat et du sol de Madagascar.

L'*indigotier*, une espèce particulière d'*arachide*, le *cotonnier*, l'*aloës*, le *rafia*, l'*abaca*, réussissent bien.

Les forêts de Madagascar constituent l'une des principales richesses de cette île et peuvent donner lieu à des exploitations superbes en beaux résultats. Les bois de *rafia, raofia, ravenela, ébénier, palissandre* (surtout) *tamarinier, santal, goyavier,* etc., sont bien représentés à Madagascar, sans compter les arbres fruitiers : *bananier, pamplemoussier, papayer, jacquier, cocotier, leschi, oranger, citronnier, limonier, pêcher, murier.*

Il ne faut pas oublier le *caoutchouc*, qui malheureusement tend à disparaître. Le point de production le plus important est Port-Dauphin.

La *gomme copal* se vend presque aussi cher que le *caoutchouc*.

Il conviendrait de faire à Madagascar l'exploitation régulière des forêts.

FAUNE DE MADAGASCAR. — La preuve que Madagascar n'a pas été rattaché, même dans les temps préhistoriques, à l'Afrique, se trouve dans sa faune. En effet, elle ne possède ni lions, ni éléphants, ni gazelles, aucune de ces grandes espèces de carnassiers, de pachydermes et de ruminants si communs sur le continent voisin.

La faune de Madagascar possédait autrefois le *dronte*, oiseau géant disparu, atteignait deux mètres de hauteur; elle est caractérisée encore par les *makis* ou *lémurs*, singes à museau de renard et à queue touffue, l'*aye-aye*, singe rongeur, les *chats sauvages*, les *sangliers*, les *tenrecs*, les *bœufs-zébus* à garrot de graisse, les *moutons* à grosse queue, les *onagres* ou ânes sauvages; de nombreux oiseaux et reptiles lui sont propres.

PRODUITS DE L'ÉLEVAGE. — Les troupeaux de *bœufs* se comptent par milliers. Les hovas s'en servent comme bêtes de culture et bêtes de somme.

On tire parti de la viande dans un grand établissement, préparant les viandes d'endaubage et situé à Diego-Suarez. Cet établissement fonctionne depuis le mois d'avril 1892.

Les *cornes* sont utilisées par les ouvriers du pays qui en confectionnent de menus ouvrages.

PONT DE BOIS ET PORTEUR

A MADAGASCAR

Les *peaux* sont vendues en masse aux Américains à un très bas prix : 5 francs par peau. — Il serait vraiment à désirer qu'une ou plusieurs tanneries fussent installées à Madagascar.

Y compris *les moutons*, dont la race devrait être régénérée par un croisement rationel, *les chèvres* et les *porcs* sont fort répandus dans les villages hovas.

Toutes nos espèces de *volatiles* pullulent dans nos basses-cours de Madagascar.

On commence à élever les *chevaux* en assez grand nombre.

L'élevage du *ver à soie* réussit parfaitement à Madagascar et les Malgaches confectionnent des soieries vraiment remarquables.

PRODUITS DU SOUS-SOL — APERÇUS GÉOLOGIQUES DIVERS

Les richesses minérales de Madagascar, sont très grandes : gisements *aurifères, argentifères cuprifères, plombifères, stanifères, houilliers, pétrolifères,* etc., etc.

Madagascar contient aussi les gisements les plus beaux de " *cristal de roche* " qui y forme des géodes souvent mélangés aux filons métallifères.

Le *quartz* de cette île est d'une admirable limpidité et se trouve en cristaux de plus d'un mètre de tour.

On pourrait se servir du cristal de roche de Madagascar pour la fabrication de vases de luxe, comme ceux qui existent au Musée du Louvre qui en possède une collection superbe. — Tout le monde sait que l'on se sert du cristal de roche pour la construction des lentilles et des verres d'optique.

GISEMENTS AURIFÈRES. — Les gisements aurifères de Madagascar diffèrent des gisements australiens et américains qui sont *filoniens* ou en placers, parce qu'ils sont au contraire en *couches* ou *stratifiés* (*reefs*) comme ceux du Transvaal. — Ce fait paraît bizarre, à première vue, attendu qu'on ne s'imagine pas que l'or qui a une densité six fois plus grande que les sables, ait pu échapper aux lois de la pesanteur et se disséminer dans des couches stratifiées. Ce qui explique cette formation aurifère, c'est que l'or de Madagascar qui est cristallisé en cube n'a pas les arêtes usées, ce qui prouve qu'il a dû se former sur place. En second lieu, l'or est surtout dans une pâte silicieuse qui relie les éléments roulés, lesquels contiennent parfois un peu d'or comme il faut s'y attendre dans les roches quartzeuses aussi anciennes. La pyrite de fer est le seul élément métallique un peu abondant et associé à l'or. Enfin, voici quelques renseignements précieux pour le " *prospecteur d'or* " à Madagascar. Au sujet de la nature physique des éléments des couches diverses influant sur la présence de ce métal : les conglomérats à très gros grains sont peu aurifères, tandis que l'or exploitable est toujours dans les conglomérats à éléments moyens. Les schistes ne sont pas aurifères, les grès fins non plus. Si même un schiste s'interpose dans un conglomérat riche en or, ce schiste et ce grès n'ont pas l'or exploitable. C'est ce qu'on appelle un *(crin)* de la couche aurifère.

Les régions aurifères de Madagascar se présentent sous la forme de lacs profonds qui se comblèrent peu à peu. Les eaux de ces lacs devaient contenir l'or sous la forme de sel soluble, sans doute le *trichlorure* qui provenait probablement d'assises de chlorures d'or jaillis en vapeur à l'époque de l'incandescence de la terre, puis condensées et déposées en couches que les pluies qui survinrent plus tard purent dissoudre.

Quant au ciment silicieux qui relie toujours les éléments des conglomérats aurifères de Madagascar, il est le résidu du limon qui s'infiltrait avec les eaux sous pression, mais dont les éléments basiques ont pu être dissous par l'acide qui se dégageait de la combustion aurifère au moment de la précipitation de l'or.

La présence de la pyrite s'explique d'elle-même par la réduction des sulfates de fer.

Il va sans dire que les roches éruptives nombreuses à Madagascar : *diorites, diolérites,* etc., sont venues troubler souvent les assises des couches aurifères.

L'or paraît devoir devenir, lorsqu'il sera exploité régulièrement, une source de richesse pour Madagascar, lorsque cette contrée pacifiée sera sous la direction de la France, on verra alors se créer un *run* comme dans les placers de la Californie. -- On n'a, pour se convaincre du fait que je viens d'indiquer, qu'à se rappeler la transformation qui s'est produite en quelques années au Transvaal, au développement qu'a pris ce pays, aux chemins de fer qui y ont été faits, à l'importance qu'a acquise *Johannesburg*, grande ville bâtie à l'européenne et comptant maintenant plus de 150,000 âmes. Tant il est vrai que les pays où l'on n'a qu'à se baisser, pour ainsi dire, pour ramasser le métal jaune qui permet de se procurer tous les plaisirs sont appelés à prospérer.

Mines de Houille. — Il paraît y avoir à Madagascar des couches de houille importantes qui seront une réserve fort utile pour la navigation.

D'après la flore, les couches de houille de Madagascar correspondraient au sous-étage houiller supérieur d'Europe.

La houille s'y présente en couches très variables dans leur épaisseur et leur continuité. Elles sont intercalées indistinctement dans les strates des argiles schisteuses et des grès houillers dont elles suivent tous les mouvements; dans le dernier cas, elles sont presque toujours séparées du grès par de minces lits d'argile qui en forment le toit et le mur. On ne trouve pas de houille exploitable dans les poudingues, le charbon n'y existe qu'en veinules.

Les bancs de houille se dédoublent, se confondent et quelquefois cessent brusquement.

Le nombre des couches est également très variable dans les divers bassins houillers. On remarque cependant que les couches minces et régulières sont assez ordinairement continues et mulpliées, tandis que les couches puissantes sont limitées dans leur étendue, irrégulières dans leur épaisseur, et qu'il n'y en a généralement qu'un petit nombre superposées dans le même gisement.

La houille a été déposée généralement à Madagascar dans une position sensiblement horizontale.

Les couches stratifiées aurifères se trouvent au-dessous des couches de houille.

Lorsque des études plus précises de paléontologie seront faites pour les différents terrains de Madagascar, elles fourniront des renseignements d'un grand intérêt pratique, car elles donneront des indications précieuses pour les recherches des matières utiles et de la houille en particulier.

Cuivre. — Le cuivre se trouve à Madagascar à l'état de *carbonates*.

Ces minerais qui n'ont pas été suffisamment reconnus paraissent exploitables; les indigènes en tirent parti, en les traitant sur place.

PÉTROLE. — Des hydrocarbures de diverse nature (bitume) sont rejetés à Madagascar sur divers points.

ROCHES GRANITOÏDES. — Les roches granitoïdes sont abondantes à Madagascar. Le type de ces roches, le granite, forme le contrefort sur lequel s'élève Tananarive. Les terrains *azoïques* forment le principal relief de l'île.

DIORITE. — La diorite est une roche très commune à Madagascar. Il y en a de nombreuses variétés suivant la dimension des grains et la disposition de l'amphibole.

CONGLOMÉRATS. — Ces roches sont assez répandues à Madagascar.

GRÈS. — Le grès houiller de Madagascar ressemble beaucoup à la *granwacke*.

ARGILE. — L'argile constitue des dépôts intercalés dans les formations sédimentaires de Madagascar.

SCHISTE. — Les schistes très fissiles se rencontrent à Madagascar. Une variété de schiste, la *novaculite*, est très commun à Madagascar.

CALCAIRES. — Des calcaires de différents genres se trouvent aussi à Madagascar.

Remarque. — Il est certain que le jour où Madagascar sera exploré d'une façon plus complète, on découvrira d'autres minerais que ceux que nous avons cités, dans cette contrée appelée à un grand développement.

DE LA RÉVISION DE LA LÉGISLATION MINIÈRE MALGACHE. — Le point de départ du code malgache sur les mines, est que la reine a partout originairement la propriété du sol et du tréfonds. Tous les terrains non cultivés, ou plus exactement vacants, doivent être considérés comme lui appartenant.

Dans la législation malgache, la propriété des terres n'a jamais donné aucun droit sur les mines qui pouvaient s'y trouver. Leur exploitation sans une permission expresse de la reine, à laquelle elles étaient réputées appartenir, est défendue sous les peines les plus sévères.

Il faut que le gouvernement français, lorsque l'expédition sera terminée, ait le droit d'intervenir dans la réglementation des mines, laissée jusqu'ici au bon plaisir de la reine. — Il est donc nécessaire que des prescriptions expresses à cet égard soient contenues dans le traité nouveau

VUE DU PALAIS DE LA REINE

qui limitera les droits de la France sur Madagascar, ainsi que cela a eu lieu pour le *Tonkin* et l'*Annam*, dans le traité de Hué, du 6 juin 1884, et notamment dans les articles 3 et 18.

Ce n'est que par cette intervention directe des agents locaux français et l'intervention éventuelle de l'administration centrale métropolitaine, que les mines de Madagascar pourront se développer méthodiquement.

La nouvelle convention devrait aussi stipuler, à mon avis, que le montant des taxes et impôts établis sur les mines et leurs produits, ainsi que le prix de celles qui auront été adjugées, ou auront fait l'objet d'une prise de possession, fussent versés chaque année dans le Trésor, après défalcation des dépenses de l'administration des mines, pour être affectés à la construction des routes et des chemins de fer, quais, jetées, etc., si nécessaires au développement de Madagascar et des mines en particulier.

Si j'insiste sur la législation nouvelle à donner aux mines de Madagascar, qui sont encore insuffisamment connues et dont la plupart n'ont pas même été explorées, c'est qu'il est une illusion contre laquelle il convient d'être prévenu : à part de très rares exceptions nous ne pouvons pas nous flatter de posséder, dans notre vieux pays si connu et si exploré, des richesses minérales tant soit peu sérieuses, qui ne soient déjà appropriées, tandis que les nouvelles contrées de notre expansion coloniale doivent faire l'objet de toute l'attention de nos gouvernants qui ont le devoir de donner à la Métropole, par les produits de nos colonies, les éléments nécessaires pour soutenir la réputation industrielle de notre pays.

Or, quel spectacle voyons-nous, si nous comparons l'industrie extractive de la vieille France à celle des autres peuples? Nos mines métalliques sont fermées, rendues inexploitables par l'avilissement des prix résultant d'un développement inouï de l'exploitation étrangère, notamment en en Amérique. En dehors de notre district privilégié de Meurthe-et-Moselle, nos mines de fer se ralentissent ou s'arrêtent devant l'envahissement des minerais espagnols. Enfin nos houillères elles-mêmes, le plus beau joyau de notre richesse minérale, voient leurs produits refoulés jusque sur les lieux de production, chassés de tous les ports par les charbons anglais, cédant aux charbons allemands des marchés comme celui de l'Italie. — Pour tous leurs produits en un un mot, nos mines ne peuvent plus lutter contre la concurrence des produits étrangers, où l'extraction est parvenue à se développer en fort peu de temps dans des proportions parfois gigantesques.

Sans doute, les ressources naturelles dont nos concurrents ont été dotés ont facilité ce mouvement d'expansion; mais il a été aidé singulièrement grâce à la transformation que, dans le troisième quart de ce siècle, toutes les nations qui comptent dans l'industrie des mines, la première industrie après l'agriculture, ont fait subir à leur législation. C'est pour cela qu'il faut nous inspirer de cet exemple pour l'élaboration de la législation minière qui doit régir les richesses minérales de Madagascar en mettant en application les deux maximes qui ont présidé à la rénovation que je viens de signaler.

Ces deux principes sont les suivants :

1° *Dégager l'industrie des mines, tant dans l'acquisition des gîtes que dans leur exploitation, de toute intervention de l'administration, sauf en ce qui concerne la prévention des accidents; 2° Assimiler la propriété des mines, autant que la nature des choses le comporte, à la propriété pleine et entière de droit commun, en assurant à l'exploitation de mine la même liberté technique et économique qu'à tout industriel ou agriculteur.*

En s'appuyant sur ces principes qui ne sont en somme que ceux de la liberté industrielle et économique la plus complète, la législation à établir pour les mines de Madagascar facilitera dans une grande mesure, le développement industriel de la grande île africaine, appelée à raviver l'industrie de la Métropole qui fléchit et menace de succomber.

Un autre point doit aussi attirer l'attention des personnes appelées à préparer cette législation, c'est la fixation de la somme nécessaire pour l'acquisition de la mine. Cette somme ne doit pas être élevée, elle doit être au contraire très minime, comme cela a lieu aux États-Unis de l'Amérique du Nord, au Canada, en Australie et au Transvaal, pour ne citer que les pays les plus importants au point de vue minier.

Enfin, il ne faudrait pas donner la concession de tout un district à une même société; il conviendrait, en effet, de ne pas monopoliser, pour ainsi dire, les mines de toute une région dans une seule main. — d'encourager, au contraire, la création dans la même contrée de plusieurs compagnies concurrentes, afin de sauvegarder dans l'avenir l'intérêt général de la colonie et son développement le plus entier.

Quand à la main d'œuvre nécessaire, elle devrait être fournie par des ouvriers mineurs français avec lesquels les sociétés minières qui se formeraient à Madagascar passeraient les engagements pour une période déterminée avec fixation d'un salaire minimum. — Je suis persuadé que des milliers d'ouvriers mineurs français aux prises dans la Métropole avec de grandes difficultés, dans la lutte pour la vie, répondraient au premier appel. Il ne faut pas oublier, en effet, que chaque jour des mines françaises tombent en chômage à cause de la concurrence et des difficultés géologiques. On pourrait donc attirer facilement à Madagascar, ces bras devenus inoccupés. — Ces mineurs seraient les premiers colons de Madagascar, si le gouvernement local leur accordait près de la mine des concessions de terrain et, certes, ce ne sont pas les terrains qui manquent à Madagascar. En dehors de leurs travaux, les mineurs français contribueraient, avec leur famille, à mettre en valeur ces terres incultes et, de cette façon, l'œuvre de la colonisation trouverait en eux de précieux et laborieux auxiliaires qui, à la longue, feraient de la terre malgache, ne rapportant rien, une colonie florissante. — Le gouvernement de la Métropole pourrait, de son côté, favoriser l'émigration de ces pionniers de la civilisation, en leur accordant des passages gratuits et les premiers instruments agricoles, à leur arrivée à Madagascar, comme cela se pratique pour les autres colonies françaises, conditions d'ailleurs semblables à celles accordées par les peuples qui sont les plus grands colonisateurs : les *Américains* et les *Australiens*.

Avant d'instituer la législation spéciale pour les mines de Madagascar, il conviendra de faire une reconnaissance générale des richesses minérales de l'île, de dresser, en quelque sorte, une carte géologique sommaire de Madagascar. Déjà des reconnaissances sérieuses ont été faites, sur divers points de cette contrée, par des ingénieurs autorisés. Il suffira donc de compléter ces études. Nous possédons une carte géographique de Madagascar, due au Père Roblet, de la mission des Jésuites à Madagascar. Ce missionnaire qui habite cette île depuis de nombreuses années en a relevé avec beaucoup de soin, les principaux points ; cette carte sera très utile pour l'établissement de la carte géologique dont je viens de parler.

Enfin, lorsque les ressources minérales de Madagascar seront suffisamment connues, il conviendra de donner la plus large publicité aux indications pouvant être de nature à encourager la constitution de sociétés françaises pour l'exploitation des mines, et d'éviter, ainsi que je l'ai déjà dit, la concentration des mines dans les mêmes mains, pour un même district, ce qui pourrait constituer une lourde faute économique.

CONCLUSION

Dès que l'expédition sera terminée et que Madagascar sera, une fois pour toute, placée sous la direction effective de la France, il faudra s'occuper sans retard des voies de communication qui sont le facteur indispensable du développement industriel et commercial de toute contrée.

Aujourd'hui il n'y a pas une seule route à Madagascar ; les voies de communication consistent en « sentiers » comme celui de *Tamatave à Tananarive* dont j'ai entretenu le lecteur.

Il faudra d'abord remplacer le sentier dont je viens de parler par une belle route carrossable et directe où un tramway pourra être installé ; il conviendra de construire également une belle route de *Majunga à Tananarive*, et ensuite une autre, avec voies ferrées également, faisant le tour de l'île ainsi que plusieurs qui la traverseront en venant relier les centres de l'intérieur et les principales vallées avec la mer, sans oublier celle de *Diégo-Suarez à Tananarive*. Ce sera là une œuvre de toute nécessité qui ouvrira à la colonisation des parties riches, aujourd'hui inexplorées.

On pourra d'autre part donner à des compagnies la concession des transports par voie de mer. Plusieurs services réguliers de bateaux à vapeur pourront faire le tour de la côte tous les soixante jours ; avec six services aller et retour ; chaque port pourra être desservi, de cette façon, tous les cinq jours, dans un sens, où dans l'autre, ce qui sera suffisant au débat.

Il faudra aussi organiser les services des postes et télégraphes, afin de relier la capitale avec les centres de l'intérieur et les postes de l'île.

En même temps que l'organisation de l'exploitation des mines aura lieu, il faudra faciliter la création de plusieurs " *sociétés françaises de colonisation* " disposant de gros capitaux pour lutter avec le commerce étranger, faire de l'agriculture rationnelle, de l'élevage, etc.

Ces sociétés pourraient s'occuper utilement de la " *plantation des muriers et de l'élevage des cocons* ".

Pour arriver à ce résultat, plusieurs sociétés financières de la Métropole pourraient se syndiquer pour constituer le capital nécessaire à la formation

VUE DE TANANARIVE

d'une puissante société française de colonisation qui pourrait s'intéresser également aux mines de la grande île africaine.

C'est en menant de front le développement de l'agriculture et des mines que Madagascar arrivera, dans un bref délai, à rapporter davantage à la France qu'elle ne lui coûtera. — C'est le premier but à atteindre.

Il n'est pas nécessaire pour cela que la Mère-Patrie ait à déverser à Madagascar un très grand excès de population : il suffit qu'elle y envoie des capitaux importants, quelques milliers de mineurs et agriculteurs inactifs, des marins nombreux s'abritant sous le drapeau tricolore et des commerçants qui reviendront enrichis. — Tels furent, à partir de Richelieu, les mineurs exceptés, les premiers établissements des compagnies sur la côte de Guinée, au Sénégal et à Madagascar même.

Madagascar est appelée à devenir une colonie française *mixte* de *peuplement*, de *cultures* et de *mines*, comme l'*Algérie*, la *Tunisie*, le *Tonkin* et l'*Annam*, voire même la *Nouvelle-Calédonie*, lorsque cette colonie sera débarassée du bagne.

La grande île africaine sera très utile en raison de sa situation maritime de premier ordre. En effet, Madagascar nous est nécessaire dans l'océan Indien pour contrebalancer l'influence maritime de l'Angleterre, qui possède *Gilbratar, Malte* et *Chypre* dans la Méditerranée, — qui tient en ses mains, elle le croit du moins, les clefs de la *Mer Rouge*, qui possède enfin l'*Inde*, la perle de son de son écrin colonial. Du côté de la France, outre le développement de nos côtes méditerranéennes, nous avons *Toulon* et *Bizerte*. Bizerte a une situation aussi redoutable que Gilbratar, *Malte* et *Chypre*. — Dans la *Mer Rouge*, nous avons *Obock*. — Dans la *Mer de Chine* et pour commander l'*Océan Pacifique*, nous possédons les ports de la Cochinchine et du Tonkin. — Il ne nous manque donc plus qu'une chose : *Madagascar dans l'Océan Indien*.

Diego-Suarez ne saurait nous suffire. Ce port n'est en effet précieux qu'à la condition d'un ravitaillement facile en charbon. — Le diamant noir, il ne faut pas l'oublier est l'âme de la guerre et du commerce maritimes, — surtout dans les mers lointaines. — Or, à Madagascar, comme en Annam et au Tonkin du reste, la houille abonde et sera une richesse inappréciable pour le ravitaillement de Diego-Suarez qui est appelé à devenir notre grand magasin de charbon dans la Mer des Indes.

Madagascar nous sera aussi d'une grande utilité en raison de son sol, de ses mines, de son climat supportable pour notre race (la température moyenne de Madagascar est de 18 degrés centigrades), au développement de la force expansive de la France.

La France, il faut en convenir, est, en somme, la nation qui a le plus grandement étendu son domaine colonial dans ces derniers temps. — En effet, alors qu'en 1880 ses possessions coloniales se chiffraient par une population de 5 à 6 millions d'habitants sur un territoire de 1.000.000 de kilomètres carrés ; aujourd'hui elle peut prétendre dominer, en comptant Madagascar sur 30.000.000 d'âmes, occupant un territoire cinq ou six fois plus étendu que la Métropole. — La France vient immédiatement après l'Angleterre pour l'influence commerciale et civilisatrice qu'elle exerce dans le Monde. — Notre nation est dans une voie que tous les cœurs Français doivent encourager, car on ne saurait oublier ce principe économique d'une incontestable justesse : « *Le peuple qui colonise le plus est le premier peuple ; s'il ne l'est pas aujourd'hui, il le sera demain.* »

Pour en revenir à Madagascar qui nous offre un vaste territoire capable de nourrir vingt fois plus d'habitants que cette contrée n'en possède actuellement, nous devons proclamer bien haut que le résultat qui va être atteint prochainement par notre expédition, a été préparé par le Président actuel de la République française à son passage au Ministère des Affaires Étrangères.

En effet, c'est pendant ce ministère, que la question Malgache étant entrée dans une phase aiguë, M. Casimir-Périer demanda aux Chambres qui les votèrent, les crédits nécessaires pour renforcer nos garnisons de la Réunion et de Diégo-Suarez, le seul point de Madagascar où nous étions libres de développer nos forces militaires.

M. Casimir-Périer avait alors M. Hanotaux près de lui, au Ministère des Affaires Étrangères, comme Directeur des Affaires Politiques et des Protectorats. On peut dire qu'avec ces deux hommes d'État, le génie de Richelieu avait reparu et planait sur la France.

L'accroissement des forces militaires à la Réunion et Diégo-Suarez a été la préface utile, sinon nécessaire de notre expédition à Madagascar.

Les évènements politiques dont le souvenir est encore dans le cœur de tous les Français ont porté M. Casimier-Périer à la première magistrature de l'État ; son éminent collaborateur est resté à la tête du Département des Affaires Étrangères et c'est à M. Hanotaux qu'est échu le devoir de trancher définitivement la question Malgache.

Nous faisons des vœux les plus sincères pour le succès de nos armes à Madagascar ; nous souhaitons ardemment que le Drapeau Français flotte bientôt victorieux sur les postes hovas et que la « Mort » épargne nos vaillants soldats.

Le succès de notre expédition permettra à la France de reprendre ses droits séculaires sur la grande île africaine dont la première prise de possession par les Français remonte en 1642 et fut inspirée, nous tenons à le redire, par Richelieu, dont le calme et froid génie avait rêvé de faire de Madagascar une " *France nouvelle* ". Nous ne ferons donc que réaliser le beau rêve de ce grand homme d'État qui, non content d'avoir forgé de toutes pièces, l'unité de notre Patrie, voulait encore voir la France grande et honorée dans le monde.

La réalisation du rêve de Richelieu sera dûe à MM. Casimir-Périer et Hanotaux. Grâce à l'esprit politique de ces éminents continuateurs de l'œuvre du ministre de Louis XIII, la France a compris qu'elle doit à son honneur d'imposer sa protection à nos nationaux résidant à Madagascar et on peut dire aujourd'hui qu. l'expédition qui va avoir lieu dans cette île africaine est approuvée par la " *Conscience Nationale* ".

D'ailleurs la fondation d'un grand empire *africain* et d'un moindre *asiatique* est la seule entreprise, au dire de tous les économistes qui étudient sans parti pris la situation actuelle de la France, qui nous soit avantageuse, et qui, permette à notre pays d'échapper à une déchéance qui le frapperait irrémédiablement.

Pour arriver au développement de notre empire colonial dans les meilleurs conditions possibles, il convient que le Gouvernement favorise l'émigration et la colonisation, — le commerce et la navigation, — les voyages et les missions, — car ces divers encouragements constituent les méthodes rationnelles d'expansion et de rayonnement de notre Patrie en dehors de la Métropole, méthodes appropriées à notre système colonisateur de conquête par le TRAVAIL, la SCIENCE et la MORALE.

Dijon, le 1er Janvier 1895.

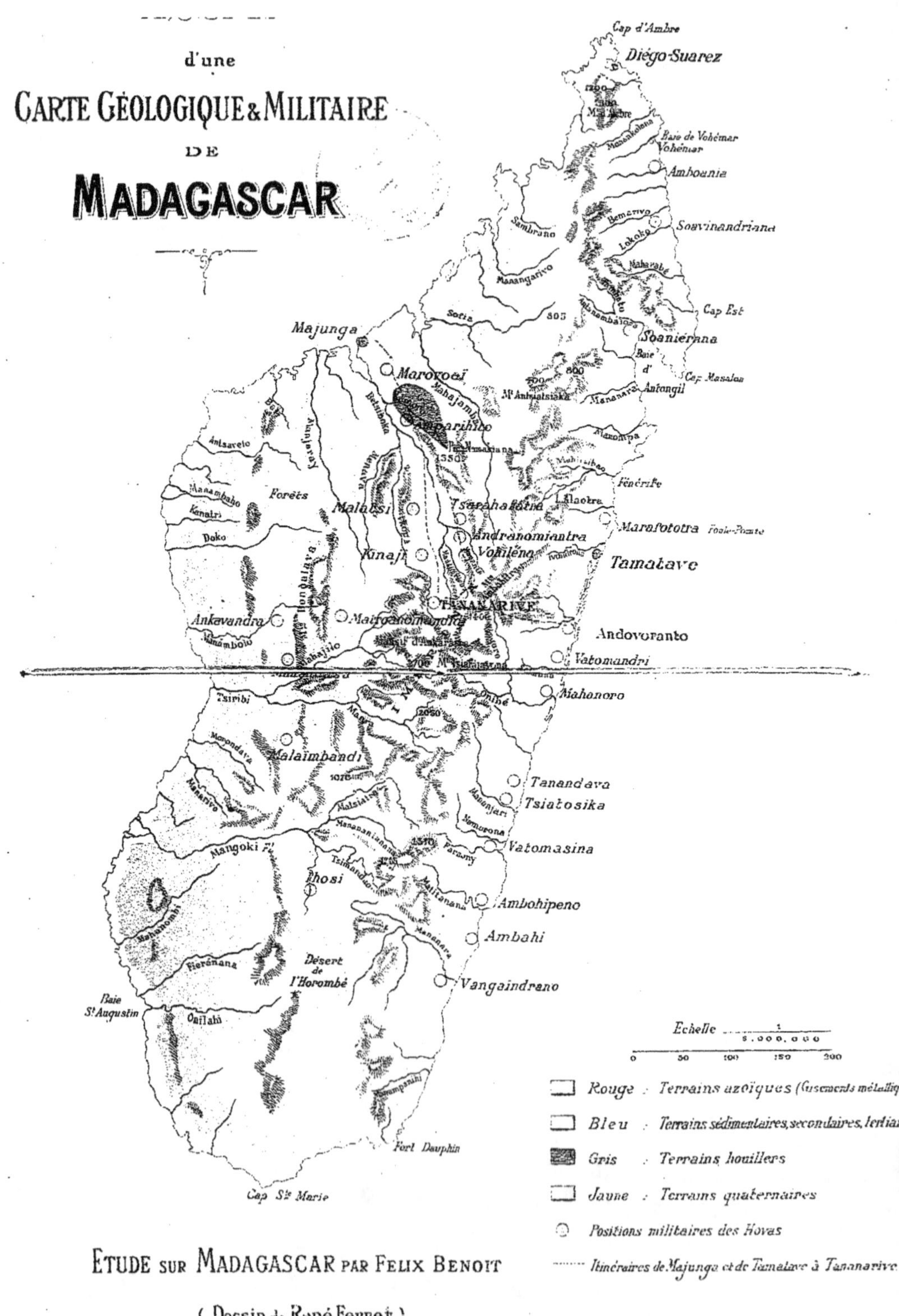

d'une
CARTE GÉOLOGIQUE & MILITAIRE
DE
MADAGASCAR

Cap d'Ambre
Diégo-Suarez
M⁺ d'Ambre
Masokolana
Baie de Vohémar
Vohémar
Ambounia
Sambrano
Bemarivo
Lokoko
Soavinandriana
Maharabe
Maaangarivo
Cap Est
Sofia
305
Antsihanaka
Cap Masalon
Soanierana
Majunga
Baie d'
Marovoaï
Mahajamba
Antongil
M⁺ Antsiatsiaka
Mananara
Manompa
Betsiboka
Amparihito
3550
Pic Mananara
Mahavibao
Fénérife
Antsavelo
Bali
L. Alaotra
Manambaho
Forêts
Malaïsi
Tsarahafatra
Marafototra
Fosse-Pointe
Kanari
Tananarive
Doko
Kinaji
Andranomiantra
Vohiléna
Tamatave
Ankavandra
Maitosenomandri
Andovoranto
Manambolo
Mahajilo
M⁺ Tsiafalasana
Vatomandri
Tsiribi
Onihé
Mahanoro
Mania
2020
Morondava
Malaimbandi
1070
Tanandava
Matsiatra
Mananjari
Tsiatosika
Mananantanana
Namorona
Mangoki Fᵉ
1310
Parany
Vatomasina
Tsimandoto
Fhosi
Maitanana
Ambohipeno
Mahanombi
Mananara
Ambahi
Fierénana
Désert de l'Horombé
Vangaindrano
Baie St Augustin
Onilahi
Karampanihi
Fort Dauphin
Cap Ste Marie

Echelle 1 : 5.000.000
0   50   100   150   200

Rouge : Terrains azoïques (Gisements métalliq
Bleu : Terrains sédimentaires, secondaires, tertiair
Gris : Terrains houillers
Jaune : Terrains quaternaires
Positions militaires des Hovas
Itinéraires de Majunga et de Tamatave à Tananarive

ETUDE SUR MADAGASCAR PAR FELIX BENOIT
(Dessin de René Ferret)

TABLE DES MATIÈRES

TABLE DES GRAVURES

DIJON

IMPRIMERIE E. CHESNAY, 21, BOULEVARD CARNOT

—

1895